CYNNWYS

	tud
Clap, clap, un, dau, tri.	5
Dwylo dros y llygaid	6
Dwy droed yn rhedeg	7
Dawns y bysedd	8
Y Siani Flewog	9
Troi ein dwylo	10
Adeiladu tŷ bach	11
Dwy droed yn dawnsio	12
Bys i fyny bys i lawr	13
Nôl a mlaen	14
Siglo siglo	15
Curo traed a chwifio breichiau	16
Ble mae'r llygoden?	17
Cwch bach yn siglo	18
Bysedd bach yn dawnsio	20
Ble mae bawdyn?	21
Pen, ysgwyddau, coesau, troed	22
Y Dwylo	23
Dau dderyn bach	24
Jac yn y Bocs	25
Dau lygad mawr	26
Sbio mewn drwy dwll y clo	27
Siglo dwylo, cuddio dwylo	28

Clap, clap, un, dau, tri

Clap, clap, un, dau, tri,
Clap, clap, un, dau, tri,
Clap, clap, un, dau, tri,
Troi a throi ein dwylo.

Tap, tap, un, dau, tri,
Tap, tap, un, dau, tri,
Tap, tap, un, dau, tri,
Troi a throi ein dwylo.

Geiriau: Falyri Jenkins
Alaw: Falyri Jenkins

5

Dwylo dros y llygaid

Dwylo dros y llygaid,
Dwylo dros y llygaid,
Dwylo dros y llygaid,
Ac yna dweud 'Pi-po'!

Geiriau: Falyri Jenkins
Alaw: Falyri Jenkins

Dwy droed yn rhedeg

Dwy droed yn rhedeg yn gyflym iawn,
Dwy droed yn rhedeg yn gyflym iawn,
Dwylo a breichiau, y corff i gyd,
Popeth yn symud yn gyflym o hyd.

Geiriau: Sian Wheyway
Alaw: Sian Wheyway

Dawns y bysedd

Un bys, dau fys, tri bys yn dawnsio,
Pedwar bys, pum bys, chwe bys yn dawnsio,
Saith bys, wyth bys, naw bys yn dawnsio,
Deg bys yn dawnsio'n llon.

Geiriau: Falyri Jenkins
Alaw: Falyri Jenkins

Y Siani Flewog

Siani Flewog, Siani Flewog
Ble'r ei di?
Dringo'i fyny ar dy ysgwydd
I dy gosi di!

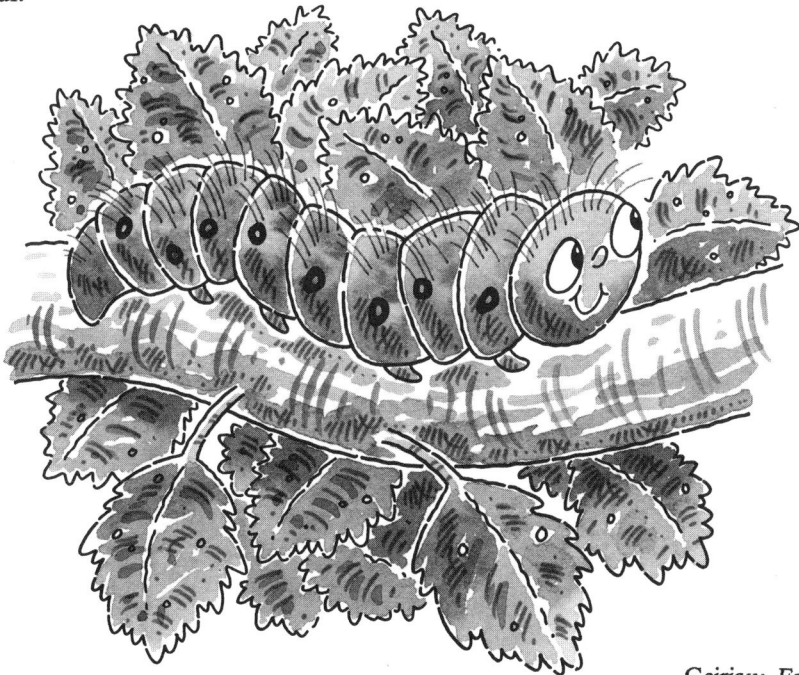

Geiriau: Falyri Jenkins
Alaw: Falyri Jenkins

Troi ein dwylo

Troi ein dwylo,
Troi ein dwylo,
Troi a throi a throi fel hyn.

Curo'n dwylo,
Curo'n dwylo,
Clap a chlap a chlap fel hyn.

Chwifio'n dwylo,
Chwifio'n dwylo,
Chwifio, chwifio, lan fel hyn.

Cerddoriaeth: Menna Bennett Johnson

Adeiladu tŷ bach

Adeiladu tŷ bach,
Un, dau, tri,
To ar 'i ben e' (o)
A dyna ni!

Sbio mewn drwy'r ffenest
Be welwn ni?
Llygoden yn cysgu,
Ust! da chi!

Llygoden yn cysgu
Yn y tŷ;
Llygoden yn deffro!
Ffwrdd â hi!

Geiriau: Margaret Lloyd Hughes
Alaw: Margaret Lloyd Hughes

11

Dwy droed yn dawnsio

Mae dwy droed yn dawnsio,
Mae dwy droed yn dawnsio,
A dwy law fach yn mynd clap clap,
Yn mynd clap clap wrth ddawnsio.

Geiriau: Ann Elmair
Alaw: Ann Elmair

Bys i fyny bys i lawr

Bys i fyny,
Bys i lawr,
Troi a throi,
Gwneud olwyn fawr.

Geiriau: Falyri Jenkins
Alaw: Falyri Jenkins

Nôl a mlaen

Nôl a mlaen, nôl a mlaen,
Nôl a mlaen a nôl a mlaen;
Nôl a mlaen, nôl a mlaen,
Nôl a mlaen a nôl a mlaen.

Cerddoriaeth: Menna Bennett Johnson

Siglo siglo

Siglo, siglo
Siglo lan a lawr,
Siglo, siglo,
Siglo am lawer awr.

Geiriau: Meredydd Evans
Alaw: Phyllis Kinney

Curo traed a chwifio breichiau

do=G

| G | Am | G | | C | D7 | G |

s₁ . l₁ | d : d . d | d : m . m | r . d : d . t₁ | d : – |

Cu - ro   traed   ar   y   llawr,   Chwi - fio   breich-iau   lan   a   lawr,

| A | A7 | D7 | | G | G7 |

r ., r : r . r   r . d : t₁ . l₁ | s₁ : – | – : s₁ . l₁ | d . d : d . d | d . d : . d |

Clap - io   gy - da'n gi - lydd, un, dau,   tri;   Troi a   throi fel chwyr-li - gw-gan,   A

| C | F7 | G | D7 | | G |

f ., f : f . m | r . r : – | m . m ., d | f . f : m . r | d : – : – ||

nei - dio   yn   yr   un - fan;   Dewch bawb i   sy - mud   gy - da   ni.

Curo traed ar y llawr,
Chwifio breichiau lan a lawr,
Clapio gyda'n gilydd, un, dau, tri;
Troi a throi fel chwyrligwgan,
A neidio yn yr unfan;
Dewch bawb i symud gyda ni.

Geiriau: Falyri Jenkins
Alaw: Falyri Jenkins

Ble mae'r llygoden?

Ble mae'r llygoden fach?
Wyddoch chi?
Mae'n cuddio mewn twll bychan.
—Ust! Dacw hi!

Geiriau: Falyri Jenkins
Alaw: Falyri Jenkins

Cwch bach yn siglo

Siglo, siglo,
Cwch bach yn siglo ar y don.
Gwynt yn chwythu,
Dŵr yn tasgu,
Cwch bach yn suddo o dan y don.;

Geiriau: Falyri Jenkins
Alaw: Falyri Jenkins

Bysedd bach yn dawnsio

Bysedd bach yn dawnsio,
Dawnsio, dawnsio,
Bysedd bach yn dawnsio,
Dawnsio fel hyn.
Un, dau, tri, pedwar, pump
Yn dawnsio, yn dawnsio, yn dawnsio fel hyn.

Geiriau: Ann Elmair
Alaw: Ann Elmair

Ble mae bawdyn?

2. Ble mae Uwdyn?

3. Ble mae Cogwr?

4. Ble mae Pibydd?

5. Ble mae Pwtyn?

Geiriau: Phyllis Kinney
Alaw: Traddodiadol
Trefniant: Phyllis Kinney

Pen, ysgwyddau, coesau, troed

Pen, ysgwyddau, coesau, traed,
Coesau, traed.
Pen, ysgwyddau, coesau, traed,
Coesau, traed.
Llygaid, clustiau, trwyn a cheg,
Pen, ysgwyddau, coesau, traed.

Alaw: Traddodiadol

Y Dwylo

Un llaw i fyny,
Un llaw i lawr.
Dwy law i fyny
A dwy law i lawr.

Llaw dde yw hon,
Llaw chwith yw hon,
Troed dde yw hon
A throed chwith yw hon.

Braich dde yw hon,
Braich chwith yw hon,
Coes dde yw hon
A choes chwith yw hon.

Dau dderyn bach

Dau dderyn bach ar ben y to,
Dyma Jim a dyma Jo,
Dos i ffwrdd Jim, dos i ffwrdd Jo,
Tyrd yn ôl Jim, tyrd yn ôl Jo.

Geiriau: Meredydd Evans
Alaw: Traddodiadol
Trefniant:Phyllis Kinney

24

Jac yn y Bocs

Cuddio yn y bocs yn ddu fel y glo:
Codwch y caead ac allan daw o!

Geiriau: Meredydd Evans
Cerddoriaeth: Phyllis Kinney

Dau lygad mawr

Dau lygad mawr
A thrwyn sy gen i,
Ceg fawr yn gwenu,
Yn gwenu arnat ti.

Geiriau: Falyri Jenkins
Alaw: Falyri Jenkins

Sbio mewn drwy dwll y clo

Sbio mewn drwy dwll y clo,
Beth wela' i?
Llygad mawr yr ochr draw
Yn edrych arna' i!

Geiriau: Falyri Jenkins
Alaw: Falyri Jenkins

Siglo dwylo, cuddio dwylo

Siglo dwylo, clapio dwylo,
Gyda'n gilydd nawr.
Chwifio dwylo, cuddio dwylo,
Gyda'n gilydd nawr.

Geiriau: Falyri Jenkins
Alaw: Falyri Jenkins

CANEUON BYS A BAWD
(Finger and Thumb Songs)

page no.

5.   *Clap, clap, one, two, three, clap, clap, one, two, three.*
      Clap, clap, one, two, three, turning and turning our hands.

6.   *Hands over the eyes, Hands over the eyes.*
      Hands over the eyes, And then say 'Peep-o'!

7.   *Two feet running very quickly,*
      Two legs running very quickly.
      Hands and arms, the whole body,
      Everything moving quickly, all the time.

8.   *One finger, two fingers, three fingers dancing,*
      Four fingers, five fingers, six fingers dancing,
      Seven fingers, eight fingers, nine fingers dancing,
      Ten fingers dancing merrily.

9.   *Furry caterpillar, furry caterpillar where are you going?*
      Climbing up your shoulder to tickle you.

10.   *Turning our hands turning*
      Turning and turning like this.

      Clapping our hands, clapping our hands,
      Clap and clap and clap like this.

      Waving our hands, waving our hands,
      Waving, waving, up like this.

11.   *Building a little house,*
      One, two, three,
      A roof on its head,
      And there we are!

      Peeping through the window
      What do we see?
      A mouse, sleeping,
      Sh! good for you!

A mouse, sleeping,
In the house,
A mouse awakens,
And away she goes.

12. *Two feet are dancing, two feet are dancing,*
    And two little hands go clap, clap,
    Go clap, clap, while they dance.

13. *Finger up, finger down,*
    Turn and turn to make a big wheel.

14. *Back and forth, Back and forth. . .*
    Up and down, Up and down. . .
    Turn and turn, Turn and turn. . .

15. *Rocking, rocking, rocking back and forth*
    Rocking, rocking, rocking for many hours.

16. *Stamping feet on the floor, waving arms up and down,*
    Clapping together, one, two, three, turning and turning like a top,
    And jumping on the spot; Come everybody, to move with us.

17. *Where is the little mouse? Do you know?*
    She's hiding in a little hole. Sh! There she is!

18. *Rocking, rocking, the little boat rocks on the wave.*
    The wind blows, the water splashes,
    Little boat sinks under the wave.

20. *Little fingers dancing, dancing, dancing.*
    Little fingers dancing, dancing like this.
    One, two, three, four, five.
    Dancing, dancing, dancing like this.

21. *Where is Mr Thumb? Here I am!*
    How are you? Very well, thank you. Away you go!
    Where is Porridge-man?   *(first finger)*
    Where is Hangman?   *(second finger)*
    Where is Piper?   *(third finger)*
    Where is Little One?   *(little finger)*

22. *Head, shoulders, legs, feet, legs, feet.*
Eyes, ears, nose and mouth. Head, shoulders, legs, feet.

23. *One hand up, one hand down.*
Two hands up, two hands down.
One arm up, two arms down.
One foot up, two feet down.

24. *Two little birds on the roof-top. Here's Jim and here's Jo.*
Go away Jim, go away Jo. Come back Jim, Come back Jo.

25. *Jack in the box*
Hiding in the box, black like the coal,
Lift the lid and out he comes!

26. *I have two big eyes and a nose, a big smiling mouth*
which smiles at you.

27. *Peeping in through the key-hole,*
What do I see?
A big eye on the other side,
Looking at me!

28. *Shaking hands, clapping hands, All together now.*
Waving hands, hiding hands, All together now.